JN418956

철쭉꽃 사랑

철쭉꽃 사랑

초판 인쇄 / 2017년 02월 20일
초판 발행 / 2017년 02월 25일

지은이 / 조성국
펴낸이 / 김경옥
편집 / 류진희
펴낸곳 / 도서출판 온북스
등록번호 / 제 312-2003-000042호
등록년월일 / 2003년 8월 14일
주소 / 서울시 은평구 은평로 194-6
전화 / 02) 2263-0360
팩스 / 02) 2274-4602
전자우편 / bjs4602@hanmail.net

ISBN 978-89-92364-83-6 (03810)
*잘못된 책은 바꾸어 드립니다

조성국 시조집

철쭉꽃 사랑

온북스
onbooks

| 책머리에 |

어찌어찌하다 보니 달이 가고 해가 가 등단한 지 하마 수무고갤 넘었다.
천년 해를 붙들어도 아직도 아직도인 내 영혼의 때 벗지 못한 그림자, 정말 세상에 내놓기가 부끄럽다.

아리랑 영가를 내놓은 지 어언 삼 년.
그동안 무엇을 생각했는지 돌아보면 허우적인 내 모습이 쑥스럽기만 해 내 보기도 안쓰럽다.
단시조든 연시조든 내 영혼의 발길 닿는 대로 엮어 보았다.
참된 것 하나를 얻기 위해 천만번 갈고닦아 낯설고 싱싱한 것들만 집어 올려야 하는데 그런 것들이 아니어서 더욱 그렇다.

한편이라도 독자의 마음에 들어 읽혀졌으면 하는 것이 나의 바램이다.

바쁘신 가운데서도 이 글의 평설을 써주신 隅石 金奉郡 교수님께 머리 숙여 감사드립니다.
오늘이 있기까지 나를 지켜주신 하나님께 영광을 돌립니다.

2016년 가을

수지 광교산 아래 寓居에서

蘆谷 조 성 국

| 차 례 |

2. 돌아가는 길목에서

3. 민들레의 꿈

4. 풋 것일 때 잡아야

5. 번갯불 여름사냥

6. 청산 나는 흰나비

7. 풀 앞에서

1장
철쭉꽃 사랑

· 철쭉꽃 사랑 · 한-가을 · 가을 소식
· 간월암看月庵 · 파로호 · 고지가 눈앞인데
· 공양왕 무덤 앞에서 · 광야 · 광저우 박물관
· 광저우 탑 · 국정교과서 앞에서 · 그대 혹시 목련
· 極光 · 김삿갓 생가에서 · 길 밖의 길
· 김영란 법 · 꽃동산 천우天宇 앞에서 · 꿈

철쭉꽃 사랑

새끼 대신 징용 가던
그 산길에 철쭉꽃

베개머리 묻고 떠난
아버님 전 편지 한 장

자기 몫
다 했다시며
북간도로 가신 님

♠ 일본의 제2차 세계대전의 와중 잔혹한 일제의 굴레 속에서 어떻게든 자기 가문의 씨 알 하나를 보존하기 위해 아들을 장가보낸 뒤 가문의 대를 잇기 위해 부득이 아들 대신 징용을 가야한다며 자기 아버지에게 편지를 써놓고 떠나가던 지난날 1940년대 우리의 처절한 모습.

한-가을

박꽃이 달이 되어
불 밝히는 초가집

젖은 고추 뒤적이는
툇마루의 할머니

한껏 뜬
고추잠자리
갈을 물고 맴돌아.

가을 소식

매미소리 끊길세라
귀뚜린 밤을 엮고

갈매 숲 우듬지로
무지개 불 내리면

황금벌
실어 나르기
헐떡이는 경운기

간월암看月庵

물이 들면 조각달
물이 나면 반월성

무리 짓는 참새들
나들이로 찾아들면

죄의 짐
예다 벗으라
덩덩 우는 종소리

파로호

잘린 허리 이으려다
내川를 이룬 벌건 피

쓰러진 목비 위로
달빛만이 흐르는 골

열 두길
물길 속에서
귀촉도歸蜀道 새가 운다.

고지가 눈앞인데

분계선엔 올봄도
꽃 피고 새우는데

달빛 타는 무현금에
솔바람도 따라 울어

이 밤이
새도록 가야 할
너와 나의 저 고지高地

피 흘린 그 능선엔
도라지 꽃 피어있고

전설이 된 그 골짝에
울어대는 뻐꾸기

분계선
앞에다 두고
자랑하는 탄알 크기.

공양왕 무덤 앞에서

오백 년 그 왕업을
어데 두고 잠들었나.

썰렁한 낙맥落脈 끝에
산새들만 우짖는 골

옥새를
주고야 바꾼 목숨
정말 그대 사내였나?

살고야 죽는 자리
가릴 줄을 몰랐구나.

죽어야 사는 길을
눈을 뜨지 못했구나.

머나 먼
촉도蜀道 삼만리三萬里에
자취 없는 솔잎 하나.

광야

가없는 하늘 밑을
얼마나 돌고 도나

가야 할 그 고지는
해가 가도 뵈지 않고

홍해를
가른 지팡이
그님 다시 찾습니다.

그 옛날 금송아질
지금도 찾고 있어

그 껍질 벗지 못해
캄캄한 구구 만리

걸친 옷
벗어버려야
손 잡을 수 있는 것을

광저우 박물관

태고이래, 발자국
펼쳐놓은 곳이었어.

흥망의 그 깃발이
돌 속에 꽃을 피워

점에서
면으로 이어 핀
중화의 혼불보다.

광저우 탑*

-중국 광저우시 탑-

구름 뚫고 오르니
예가 바로 천국이라

해발 600m
발끝 도는 구름 띠

금천錦川은
굽이치는 은하수
오작교가 저만치

한 발작 내디디면
이승 아닌 나락奈落이라

천륜선天輪船 비명悲鳴 앞에
얼어붙은 오척단신五尺短身

허공에
잔교棧橋*를 딛고야
맛을 보는 저 천국.

*광저우 탑: 400m 상층부에 허공에 내어 건 유리 디딤판으로 길이가 약 4m 보통사람은 나가 서지를 못하는 허공에 걸친 다리.

국정교과서 앞에서

있던 것 없다 하고
없던 것 있다 하는

어디로 가자는지
물을 길 바이없고

저 하늘
삐딱한 별 춤에
눈을 파는 손이 밉다

어린 싹 푸른 꿈을
인도할 나침반을

어느 때 손보았나,
다시 봐도 삐뚤어

가야 할
길은 아직 먼데
묻고 싶은 너의 주소

그대 혹시 목련

무슨 바람 불어와
눈 돌리게 하는가?

언 발 칭칭 동여매고
삼동을 건너더니

아득한
별의 거리 두고
누구 마중 하시나?

그대 하얀 발로
내딛는 푸른 하늘

언제쯤 오시려나.
촛불 밝혀 들고서

삼경이
다 지나도록
눈발 딛고서서 떨어.

極光
−오로라 앞에 서서−

하늘이 희한해져
남색으로 말갛게

내리 쏘는 태양풍
사양하는 몸짓이래

우주 밖
지밀至密* 침실로
내려치는 커튼 같다

지구가 안고 돌며
사랑한다 손짓 하나?

태양도 못 잊는다
눈에 힘을 주는 거래

아니야,
천국 가는 어둠길
밝혀주는 춤사위래.

*지밀至密 : 궁중에서 내전으로 통하는 궁방의 침실

김삿갓 생가에서

삿갓 쓴 산과 봉이 임 같아 보입니다
골물도 임을 닮아 시나 읊고 흘러가고
천년해 돌고 돌아도
못 속이는 DNA

앞을 보니 울을 친 봉봉봉 나무 나무
돌아보니 병풍산이 하늘을 둘렀구나
행장行裝을 아무리 혀도
나지 않는 시 한수

천년해 흘러가도 임은 역시 만년시승
혼불 밝힌 시 한 수 그리 죄가 될 줄이야
오욕이 물든 구름 새로
임의 시는 한줄기 빛

길 밖의 길

-서부 캐나다 푸린스죠지에서-

동에서 해가 올라 북으로 지고 있다
희한하게 돌아가는 그런 하늘 이고 사는
그렇게 하루를 지워도
변함없이 해日는 돋고

비정상이 정상이, 정상이 비정상이
어찌 돌아가도 님의 섭리 안에 있어
그렇게 그렇게 살아가는
외로 가는 P.G* 하늘

어찌 우리 살아왔나 예서 한번 돌아보자.
너무 빨리 달리면 굽은 것이 뵈지 않듯
길 밖의 길에 들고야
다시 찾는 원점일 레

*P.G : 밴쿠버에서 북으로 500km 지점에 있는 도시 이름

김영란 법

힘을 빌어 먹지마라 공짜가 미낀 것을
준치 먹다 걸리면 아우성도 못 치는 것
함부로
입대지 마라
가는 목에 걸리느니

배고파도 먹지 마라 옳다 할 이 하나 없다
사람은 안 보아도 하늘땅이 보고 있어
숨겨 논
CCTV가
하나님 눈이란데

오늘의 이 안개 강 건너야만 탈 벗는 거
돈 있어도 힘 있어도 못 건너는 는개 강
先進國
그 가나안은
달라져야 가는 것

꽃동산 천우天宇 앞에서

새벽안개 가르던
농구화가 부끄럽다

하늘 뜻 외면하고
바벨탑을 쌓았구나…

전천우全天宇
꽃 피운 무지개에
궂은 비가 어이 내려.

꿈

요지경 속을 가는
삿대 없는 나룻배

경계 없이 드나들다
시궁창의 별도 따는

상상의
담을 허무는
삼차원의 하늘 가—는

2장

돌아가는 길목에서

· 남촌 · 내 사랑 백목련 · 노곡蘆谷
· 노정만리 · 농담과 진담 · 독백
· 돌아가는 길목에서 · 동백꽃 · 동행 2
· 등대 · 러브 인 아시아 · 리나 백목련
· 마애삼존불 · 마카오에서 · 만추 앞에서
· 망배단 · 망향의 노래 · 매화 촌에서
· 메르스의 강 앞에서 · 모계사회

남촌

뒷동산 저녁놀에
늘어진 소 그림자

띠 두른 저녁연기
온 마을을 감아 돌면

소 모는
단발短髮 머리 아해兒孩
피리 불고 오는 마을

내 사랑 백목련

노을 얹힌 백목련 그대를 기다리다
처진 어깨너머로 바라보는 저 하늘
기러기 그 울음소리
애를 끊는 임의 시

역시 사내라고 목을 묻고 우는 밤은
돌아갈 천년 성 기침 소리 들려나.
나도야 어찌하지 못해
돌아서야 하는 갈다

만나면 잉걸불이 헤어지면 별을 헤는
대금을 입에 무니 그도 따라 젓는 것을
고운 님 행여 다칠세라
눈물 뿌려줍니다.

노곡蘆谷*

—조성국의 아호—

하얀 갈대꽃이
눈꽃으로 영 넘으면

새근대는 목숨들이
월광곡을 뜯는 숲

다림줄
5대를 타다
북적대라 붙인 아호雅號

산짐승 날짐승이
제집처럼 찾아드는

달빛 벗해 태어나는
대 이을 꿈을 꾸는

거문고
뜯는 갈대숲에
줄을 잇는 생명의 강

*노곡蘆谷 : 갈대가 우거진 골짜기

노정만리

푸르른 날 순천만을
그리다 달려갔지

피 끝보다 진한 사랑
나누는 손길 위로

보름달
닮아가듯이
베풀수록 차 오른 달

영을 넘는 물안개
오로라만 같던 날

영롱한 그 빛 베어
그대 옷을 지어주리

천상의
선녀만 같아
가고 싶은 노정만리蘆情萬里

농담과 진담

실없이 던진 말을
진담이라 고집하는

잘잘못 가리기 전
먼저 자기 돌아보라

용서는
사랑하는 것
주께 길을 묻습니다.

허물 다 덮는다는
그 사랑 어데 갔나?

자존심 건드리면
불을 뿜어 버린다고,

농담이
두려운 날에
홀로 외는 주기도문.

독백

더위와 씨름하다
고시랑 대던 한 밤

고삐 풀린 잡생각이
머리 드는 삼경三更에

허울을
물리쳐 주려
환을 쳐준 묵죽도墨竹圖*

*묵죽도墨竹圖 : 장성 필암서원에 있는 그림으로 김인후가 入直所에 있을 때 인종이 친히 입직소에 들려 붓을 들어 묵죽을 그려 김인후에게 주며 시 한 수를 짓게 하고 그 그림을 김인후에게 주었다. 그 묵죽도가 지금은 김인후 가문의 보배로 전하고 있음.

돌아가는 길목에서

머리는 달빛 받은 목련인데 띠는 말해 무엇해 한평생 신기루蜃氣樓만 좇다가 세월 다 보내고 오욕칠정五慾七情*이 그물 저 가는 저 강물에 한 잎 낙엽으로 떠가는 내 그림자를 보도다. 정말 나란 有也無 無也有라 걸친 것 모두 벗고 붙든 것 다 내주고 탐욕과 집착의 고리 끊고 내 살리라.
절대자가 내린 시한時限을 어이 어길 수 있으랴? 개똥밭에 굴러도 황금 방석에 놀아나도 그 모든 것 그가 지으시는 바람 자리… 시가 있음에 구린내 나는 시정市井에서 살 수 있었느니 라고. 두 무릎 사이 목을 묻는 아픔에도 견딜 수 있었느니라고… 다만 내 오늘을 살아감은 허리 잘린 이 나라 하나 되는 것 보고 싶음이여… 아직 꿈이 있어 그 뜻을 밝히고 싶음이여… 하루를 살다 가드라도 한 핏줄 한 형제 그들 손을 한 번 잡고 싶어라 이 하루도 임이 베푼 그늘이라 말없이 민들레 꽃씨 되어

아득한 저 하늘 끝까지
이냥 날고 싶어라.

*五慾 : 食, 財, 色, 名譽, 睡眠.
*七情 : 善, 怒, 哀, 樂, 愛, 惡, 欲.

동백꽃

얼마나 기다렸기
눈이 멀고 말았는가?

토해 낸 핏덩이는
환을 친 붉은 태양

그리다
곧추 눈을 뜬 채
승천하고 말았구나.

동행 2

우리 손 잡아주던 그 나락奈落 백척간두
은혜로운 그들을 어찌 우리 잊으리.
그 사랑 자유의 강이
천년 두고 흘러라.

잘린 허리 잇고자 밀리고 민 6.25
자유 위해 산화한 임들의 파란 넋이
지금은 뻐꾸기가 돼
잡고 우는 분계선

핵무기 앞에 하고 다시 손을 잡습니다.
네가 살고 내가 사는 길 밖의 길을 찾아
저 하늘 지켜보시다
빙긋 웃고 계시네.

등대

가뭇한 점 하나가
이정표里程標로 일렁여

북구 만리 격랑激浪을
다스린 그 사내

낯익은
임들 초상肖像이
점이 되어 깜박여.

러브 인 아시아

말과 글 익혀가는
아직 어린 애송이

이역만리 낯선 고장
황금으로 다리 놓아

가풍家風을
길들여 가기
씨가 되는 매운 눈물

말과 글 배우기
짧은 해가 야속해라

시부모 모시기를
제 부모 모시 듯해

대물릴
씨앗을 안겨주니
묻혀나는 만 가지 흉

리나 백목련

어느 구비 돌아갔나, 불러도 대답 없는
무너진 성城을 보다 돌아보는 내 발자국
내 것이 내 것이 아닌 오늘
어느 곳에 손을 모나

그대는 꽃이었어, 때를 잃은 백목련
흘러간 삼십 년이 훈장勳章같다 하시던 이
못 잊는 그대 생각에
내가 그만 얼어라

아름다운 추억일랑 두 가슴에 묻고 살리.
이리 만나는 것 어느 님 섭리 같아
인생길 비망록 속에
숨겨두고 볼 이름.

마애삼존불

돌 속에 숨은 부처
그 누가 불러냈나?

천년의 그 미소를
어느 손이 담아냈나?

마주 해
머금는 미소
그게 바로 불심인 걸.

마카오에서

시속 200km로 날아 맞는 마카오
사람에 밀려가다 은발의 특구特口* 본다
백발白髮의 홈을 빠져나니
포르투갈 냄새나는

베네치아 버스에서 내다본 마카오
포르투갈 물결이 거리마다 춤을 추고
해적을 물리쳐 받은 땅
그 이름은 마카오

새바람 눈을 못 뜬 청나라가 미워라
땅 넓고 덩치 커도 힘없으면 허수아비
이백 년 인욕忍辱의 세월 넘어
때를 벗는 저 중국

*특구特口 : 만 칠십 세 이상만이 통과할 수 있는 문.

만추 앞에서

갈-잎 하나 지는 새로
계절은 따라 돌고

저문 날 경운기는
해 잡으려 헐떡이고

언덕 위
교회당 종소린
늘어진 숨을 쉬고.

망배단

지그시 눈 감으니 떠오르는 계갑사癸甲事*
임천林泉을 벗해 살며 때를 기다리던 임
청령포 머물던 해가
빛을 잃어버린 날.

내 하늘 아니어라. 사양하던 벼슬길
촉도蜀道로 드신 님을 우러르던 망배단*
님 그린 북향사배로
끓는 가슴 달래던 임.

그 충절 그 절의는 천년 해도 못 지워
달빛 같은 임의 혼불 밝혀대는 오늘일 레
망배단 그 오름길에
떨어지는 솔잎 하나.

*망배단 : 수양대군이 단종을 밀어내고 정권을 약탈하는 것을 지켜보던 세종조 이조참의를 지내고 殉節한 趙順生 님의 아들인 한양 조 씨 팔 세손 仁村公(銘)이 벼슬을 내놓고 고향 목천에 내려와 가신님을 평생도록 그리며 북향재배하던 산봉우리 이름(충남 천안 목천현 세 남산의 산봉 이름).

*계갑사 : 1453년 수양대군의 정권찬탈을 거부하는 단종의 중신(70인을)들을 살해한 정란으로 계유정란과 갑술옥사를 말함. 당시 李朝 세종조 吏曹參議를 지낸 漢陽 趙氏 7世 順生이 단종이 뜻을 좇는다는 죄목을 씌워 강원도 고성으로 귀양을 보내 끝내 그곳에서 세조에게 죽임을 당한 사건임. 그 어른의 시신도 찾을 길 없어 분묘조차 해놓을 수 없었던 사건으로 그 후 한양 조씨 가문의 벼슬길이 150년간 막혀버리기도 한 정란임.

망향의 노래

운두산 산허리에 걸친 구름 빗겨진 채
오국성 푸른 절벽 안고 돌던 두만강
지금도
달집을 태우는지
네게 묻고 싶어라

찢겨나는 달빛 밟고 노를 젓던 사공아
두고 온 부모형제 그 소식을 묻고 싶다
맞겨눈
총부리 위로
떠오르던 님의 초상

눈물 젖은 두만강에 떠 흐르던 비린 달
어머니 불러 봐도 대답 없는 메아리
가신 님
무덤을 찾아
뜯고 싶은 잡초 한 줌.

매화 촌에서

매화 따 꽂아주니
누님은 곤전坤殿마마

오빠 어깨 달아주니
의젓한 사성四星 장군

우리 집
경사 났다고
손뼉 치며 깔 깔 깔

메르스의 강 앞에서

중동에서 예까지 어이해 건너왔지?
검문소도 없었나? 그냥 통과했나 봐?
아니야,
깊게 생각해 봐?
누가 부는 바람인가를?

나루 없는 병이란 걸 그대는 들어봤어?
힘으로도 못 건너고 돈으로도 못 건너는
모두가
하나로 손 잡아야
건너갈 수 있다지…

오늘의 이리된 것 탓할 일 하나 없어
의 아닌 삿된 길 좇던 우리 생각해 봐?
무엇에
눈을 돌리고
오늘 우리 사는지?

모계사회

-캐나다 원주민 마을에서-

아무나 씨 뿌리는
임자 없는 묵정밭

파란 눈에 까만 눈
낮은 코에 높은 코

하늘에
목을 매는 삶
오늘이 또 내일이라

어미 성을 따르니
기댈 산이 없어라

씨가 다른 핏줄이라
가는 길이 열두 골

소망을
가늠쇠에 거는
하루살이 천국일 레…

3장
민들레의 꿈

· 무슨 바람 불어야 · 무제 · 물 2 · 물소리
· 민들레의 꿈 · 바보 사랑 · 방공대防空臺
· 백목련 · 벌초伐草 · 보름달 2 · 갈 물
· 봄소식 · 봄의 소고小考 · 진달래
· 부나비 · 분재 · 분노의 물길 앞에서
· 비천영飛天靈 · Big Tree

무슨 바람 불어야

무슨 바람 불어야 이 장벽이 무너질까?
어떤 바람 불어야 이 분계선 지워질까?
파란 눈 고누노름*에 땅을 치는 한 백 년

따가운 햇볕이면 옷 벗는다 하더니
날이 가면 갈수록 탐욕에 눈이 멀어
삼대를 잇는 대물림에 겨눠대는 총부리

기다리다 그리다 별로 뜨신 임들 앞에
별 하나 묻고 간 님 그 임을 생각다가
한겨울 다 보낸 뜰 앞에 그 봄 언제 오려는지.

*고누노름 : 땅 빼앗기 노름

무제

있고야 없는 것은
손바닥에 있는 것을

시속 탓하는 것은
내 몰라 그런 것을

떠도는
한 조각구름도
뜻이 있어 가는 것을.

물 2

높은 곳 찾기보다
낮은 곳을 찾는 너

검은 내川 맑혀내는
너의 넓은 포용은

잘, 잘못
쓸어 덮으시던
어머님 품만 같다.

물소리

아직 사경四更인데
적막 깨는 물소리

흘려놓은 달빛이
갈잎 속에 조는 밤

정적을
삼킨 풀벌레
입 다문 채 해를 민다.

기지개 펴는 산을
삼켜버린 물소리

길고야 짧은 생이
그 물속에 있는 것을

피워낸
하얀 물안개
푸른 꿈을 엮습니다.

민들레의 꿈

끝없는 더부살이
그게 바로 숙인宿因인가?

사풍四風*에 내둘리는
그 하늘이 미워진 날

다시 또
황천荒天*을 만날까 봐
꼬나보는 하늘일 레.

새는 날 파란 꿈을
무릎 밑에 품고 살다

돌작 밭에 밀려나
짓밟아 뭉개져도

끝내는
머리 틀고 일어나
해를 물고 오른다고.

*사풍四風 : 일, 미, 중, 러.
*황천荒天 : 비바람이 심한 천후(우리를 어찌해 보려 불어대는 사나운 바람)

바보 사랑

연 탕개 얼레 줄로 연 씨름하던 시절
삼쾌전 읽어줄 때 배추꼬리 건네주던
그 소녀
속내 모르던
얼빠진 그 고바우

갈래머리 그 소녀 그리다 잠이 든 밤
꿈길 속 손을 잡고 훨훨 날던 푸른 하늘
지금은
어느 하늘 가
문패 벗해 사는지

가설극장 "애정산맥" 함께 구경 갔었지.
뱁새눈 고추 뜨고 그 소녀만 지키다
끝 끝내
말 한마디 못 전한
아직 여린 바보 사랑.

방공대防空臺

—성주 싸드 기지 선정에—

불화살 막자는 거
전후세대戰後世代 모르리

어렵게 세운 집
무너질까 걱정이라

붉은 띠
두른 아빠 보고
참외 밭이 울고 있다

6.25에 입은 상처
내 뵈는 할아버지

오늘 우리 사는 것
누가 그린 그림이냐

모두가
하나 되어야
집 지킬 수 있다고.

백목련

토막 낸 초승달을
물고 나는 기러기

어찌 보면 누나 머리
흰나비가 두 마리

마－파람
등에다 진 날
불 밝혀 든 누나 마음.

벌초伐草

질러가는 고향 길에
마주치는 마이산

금강錦江 한수漢水 가른 물을
병풍처럼 두른 산

구절초
수놓은 무덤
베 내곱은 풀 한 줌.

보름달 2

월사금 보태시려
고추 따던 어머니

벽오동 심으시려
잠든 장안 깨우신 님

봉황새
내려앉기만
손을 꼽다 가신 님

삼경머리 한밤에
보름달로 오르셔서

어찌들 살아가나
우리 늘 지켜보셔

보고도
말하지 않는 달
아버님만 같습니다.

갈 물

맞아, 당신이라면
두 눈 감고 줄 거야

아껴봐야 내 것 아닌
한 방울 피까지

주고야
한 점 구름으로
훨훨 날아갈 거야.

봄소식

익은 바람 한 깃에
삼동 푸는 골물 소리

큰 아기 바구니에
고개 내민 냉이, 쑥이

봄소식
입에 물고서
영을 넘어 오네요

봄의 소고小考

삼동을 건너려고
일체 눈을 감더니

남녘 마파람에
수피樹皮 뚫는 하얀 눈

통증의
아픈 미학을
꽃등으로 밝힌다고.

진달래

그리고 기다리다
아주 미쳐 버렸구나

깊은 삼동 석 달이
천년보다 길다더니

설산雪山에
벌건 불, 밝혀 들고
임 마중을 하는구나.

부나비

제 고향 찾아가다
빛에 그만 미쳤구나.

분변分辨을 모두 잃고
그만 지지 몸을 살라

영겁을
불길에 잇는
한을 묻어버렸구나…

분재

인고忍苦와 굴종屈從을
뼈에 새겨 둘렀구나.

손이 간 자리마다
격이 다른 탈을 벗어

응접실
나누는 이야기에
세상 읽는 너였구나.

분노의 물길 앞에서

눈이 먼 세월호를 삼켜버린 팽골 남해
샛별 같은 눈동자 저 바다에 보내놓고
아이를 찾는 엄마 아빠
가슴 찢는 저 바다

초점 잃은 눈동자로 응시하는 저 하늘
이 허무 이 참담慘憺을 달랠 수 없는 오늘
찢어진 하늘 귀를 잡고
가야 할 길을 물어

지그시 눈 감으니 비탄悲嘆만이 저며와
길 밖의 길 가던 너 무엇이라 널 부르랴
가난한 뉘우침 앞에
눈이 멀어 버려라

비천영飛天靈

꿈속에 나를 찾던
그 임을 다시 보네

요단강을 건너서
이승의 벽 허문다고

하늘 검
비껴들고서
날 따르라 하시던 임

삼층 천을 질러와
천사를 부리는 임

솔바람 무현금에
달빛 꺾어 부는 대금大笒

그 고운
코러스 선율로
눈물바다 지으시네.

Big Tree

– Canada Anciant Forest에서

천지개벽 외면한
태고의 숲에 든다

우둠지로 받쳐 든
삼층천 하늘에선

속껍질
모두 벗고 들라는
지엄한 야훼 소리

4장
풋 것일 때 잡아야

· 사비성에서 · 삶 · 삼각산이 묻는다
· 상강머리 경춘가도 · 새 중국을 보며
· 새벽 바다 · 선각자 · 선구자 2
· 선상船上 발라드 · 雪梅 · 雪片丹心
· 세한도 2 · 소금 꽃 · 손자 손을 잡던 날
· 손톱 앞에서 · 송공 패 앞에서 · 쇠못
· 수평선 · 순교자 · 쉐마

사비성에서

한 오백 그 사직을
솔松을 잡고 묻습니다.

원한을 물고 지던
그 뫼 뿌리 낙화암에

천 년 전
해와 달이 올라
다시 서라 이르다.

즈믄 해 그 바람 希望을
품고 앉은 부소산

사비성에 꿈을 묻던
그님들은 어디 갔나.

저뭇한
백마강 위에
달빛만이 부서라

삶

희비喜悲의 그 구비는
아침 이슬 같은 거

신기루 잡으려고
몸부림친 그림자

모두가
바람에 흩어지는
구름 조각 같은 거

삼각산이 묻는다

우리의 삼각산이
돌아앉아 묻습니다

무엇에 눈이 멀어
아직도 풀로 살아

태풍을
어깨 펴고 버티는
바위 일순 없느냐고?

상강머리 경춘가도

벌겋게 취한 산이
물속으로 무너진 날

산도 타고 물도 타는
요지경 같은 곳을

우리는
빠져가고 있었다
벌건 화염 속으로.

새 중국을 보며

천 년 잠자던 용이 하늘을 날고 있다
첨단과학 두르고 용트림을 하고 있다
십사 억
한 박자로 묶는
그 힘 대체 무어라

진시황 그 하늘을 다시 살려보자며
지난날 그 인욕忍辱을 지워대는 중산 얼
역삼각
눈을 뜨고서
외쳐대는 새 중화

내일의 푸른 꿈을 엮어가는 저들 보래
나라 위해 몸 바칠 그 단심에 불을 지펴
모두가
한마음으로
발맞추는 광장무廣場舞

새벽 바다

지나간 흔적을
찾을 길이 없습니다.

목메는 그 함성을
모두 삼켜 버렸습니다.

한 밤 내
치솟는 너울
이제 잠들었습니다.

선각자

문자만 헤아리곤
살아갈 수 없다는

시시로 일어나는
새 바람 맥을 짚는

백 년을
내다보는 눈으로
가야 할 길 일러주는

선구자 2

두만강 비린 달을 씹고 가던 그 사람
봉오동 포연 속을 푸른 달이 웃고 돌 때
어머니 예 살아 있다며
내어젓던 태극기

언 발이 헤지도록 북만 벌을 누비다
내 죽어 네가 사는 그 혼불을 짊어지고
눈 덮인 흥안령興安嶺가에
이름 석자 묻고 간 임

삼각산 피울음을 뼈끝에다 새기다
무명지 깨문 혈서 임의 품에 묻어놓고
오대양 육대주 돌며
불 지르던 불덩이

선상船上 발라드

바람 타는 갈매기
나래 펴는 발라드

꼬마 손에 들려진
새우깡을 낚는 춤

순간을
낚는 그 몸짓
아이들의 환호喚呼 소리

雪梅

아득한 별들을 밤새 피워 물었구나
그리다 지친 눈물 잔설殘雪 밭에 뿌리는
한 맺힌 하늘을 나는
너는 백조白鳥였거니

그리움의 빛을 문 그 동공瞳孔은 새벽 별
술잔에 어린 별이 하나 둘 돋는 밤에
까마득 구천 하늘을
날아가는 십자매

다함없는 사랑이라 목숨까지 내놓는
북천을 타고 돌면 달이 비죽 돋는 밤에
섭리의 바람이 분다
별빛 총총 여무는.

雪片丹心

간밤의 천둥번개
유리창을 흔들더니

증오憎惡로 쌓인 눈이
길을 막아버렸어요

짐 푸는
고운 님 입가에
가는 미소가 어려.

세한도 2

-스승님을 그리며-

가없는 여백을
노 저어가는 낮달

우듬지 다 내준 채
눈비바람 벗한 솔

말없이
드리고 싶은
세한의 불꽃 사랑.

소금 꽃

온갖 것 받아먹고
입 벌리는 바다였어.

세속에 물든 때를
너울 속에 묻어 놓고

무시無時로
햇빛 훔쳐 먹다
회개하는 눈물 꽃

손자 손을 잡던 날

-재스퍼 휘슬러에서-

눈 산 2,000M
제 손안에 있어요

한번 잡아 보세요
든든하지 않으세요

대 잇는
끈끈한 정이
뼈끝까지 울린 날

어린 줄만 알던 너
나의 산이 될 줄이야

대 물리는 푸른 꿈을
너에게 맡기 곱다

저 로키
해 따먹으러
청산 나는 너는 사슴

손톱 앞에서

우주를 담은 창이
나에겐 열이 있다

그 스크린 머리에는
머리 드는 달이 열

때로는
달과 별이 뜨다
만상萬象이 오릅니다.

블랙홀 드는 날은
어두움을 씹는 날

초롱이는 눈망울
웃음꽃을 피워 물면

꽃불 든
들풀의 향연
철새들이 지저귄다.

송공 패 앞에서

흰머리 다 가도록
시의 산을 오르신 님

정상은 아직 먼데
탑 세우다 저문 날

어쩌면
꿈이 깨질까 봐
손을 꼽는 여호수아

세한도 바라보다
스승님을 생각는다

송백도 아닌 것이
눈서리 앞 어찌 서랴

불씨를
지핀 강나루에
기다리는 뱃사공

쇠못

코끝에 날 세우고
때 오기만 기다리다

뒤통수 얻어맞고
비로소 눈 뜹니다

금강석
칠흑의 강을
삿대 없이 질러가는.

수평선

그림으로 그려도
만져 볼 수 없는 선

너울 속 그 파고를
가늠할 수 없어요

한밤에
바람이 자면
막대 하나 꽂고 봐요

순교자

두 손을 모으고
두 눈 꾹 감습니다.

두 손을 모으고
두 눈 꾹 감습니다.

허락한
십자가 앞에
나는 이미 없습니다.

쉐마*

망아지 엇길 가면 다그치는 회초리
안소가 바깥소를 말없이 가르치듯
견문見聞*을
뼈에 색이라
본을 뵈는 어버이

어릴 때 손을 보라 때 놓치면 굳어버려
물기 마른 대나무 휘어잡기 힘들다며
배움엔
때가 있는 것
풋 것일 때 잡으라고

거룩하게 다듬고 모 안 나게 길들여
절대자 걸어가신 그 길만을 좇으라고
자기 몸
말없이 내어주는
달팽이 닮으라고.

*쉐마 : 유대인의 교육방법의 하나
*견문見聞 : 보고 들은 것

5장

번갯불 여름사냥

시월

밟으면 금이 갈듯
수정같이 맑은 하늘

썰렁한 들, 허수아비
드러누워 코나 골고

기러기
울음소리가
섬 하나를 낳는 달.

시사만평

불 지르고 용용용
잡아떼며 용용용

똥이라고 닦아주다
서로 보고 깔깔깔

짜고야
치는 고스톱에
그것 유감 무승부.

♠ 2015년 남북 고위급 회담을 보며

시의 산을 오르며

이미지를 살리느라
뼈 속이 다 시리다

꼬리불 밝히려고
까만 티를 골라내

눈 감아
어리는 영이
살아서 종種이 되는

형상形象을 잃고서야
어찌 그림 그리리

깨끗한 뒤끝 찾기
속탈俗脫 벗는 아픔이여

청산을
세운 화선지에
메아리로 뜨는 강.

신숭겸 장군묘 앞에서

주군主君의 하늘 위해
자기 목숨 바치신 님

위왕대사僞王代死* 잘린 목
안고 울던 백성들

한일자
곧은 솔만이
만년 두고 푸르러라…

*위왕대사僞王代死 : 신숭겸 장군이 대구 공산전투에서 후백제 견훤을 맞아 싸우다 고려 왕건이 적군에 포위되어 죽음을 앞에 두고 있을 때 왕을 애수에 숨기고 왕의 가마와 왕복을 대신 입고 자기가 왕이라 거짓으로 알리고 싸우다 장절히 죽은 장군.

12월의 기도

—을미년을 보내며—

하늘에 손 모으는 나무로 살게 하소서
참고 살아가는 침묵을 배우게 하소서
날 지은 토기장이에게
날 맡기게 하소서

지고 사는 법을 배워 날 낮추게 하소서
깨어져도 영광이라 손 모으게 하소서
자존심 그것 내려놓고
겸손의 눈, 뜨게 하소서

참사랑이 무엇인지 생각하게 하소서
남 돌보며 살아가는 저가 되게 하소서
찍고 온 나의 발자국
돌아보게 하소서

어느 假墓 碑 앞에서

대자 밖 흙살 밭에
지어놓은 천년 성

수런대는 이야기가
새끼 치는 故鄕抄

게, 들면
고향 생각이
구름처럼 일어라

모두 다 내려놓고
하늘 뜻을 기다리는

부질없는 말 한마디
돌 속에 밝혀 놓고

촉도蜀道라
구만리 하늘
새가 되어 간다는.

어느 고궁에서

낯선 발길들이
길을 내는 고궁일 레

와당瓦當에 숨은 혼불
귀 세우며 삭이더니

저문 날
우리 얼을 퍼가는
그 불빛이 미워라

어느 궁수

하늘에 활을 쏘는 철부지가 있습니다
잘린 허리 잇는다며 대 물려 쏘고 있다
네로를 닮았나 보다
불화살을 쏘고 있다

활시위 당길수록 갈라지는 하늘 앞에
미친 궁수 바라보다 넋을 잃는 사람들
어느 때 이어지려나
기다리다 눈은 멀고

꿈길 속 일어서는 그 불길이 야속해라
불로는 아니 되는 벌어진 하늘 아래
피의 강 앞에다 두고
밝혀대는 탄알 크기

어느 연정

우연으로 만난 것을
흘려버린 어느 날

피하면 피할수록
마주치는 외나무다리

툭 던진
말 한마디가
이리 불이 될 줄이야

우연히 돋는 정이
달빛처럼 고이는 밤

말속에 숨은 넋이
내 혼불을 달래다

가슴속
연모의 집을 짓다
천성 길도 꿈꾸는.

어느 영혼 앞에서

포물선 긋고 가는 그래프를 지켜보다
일자로 머문 자리 앞서나는 두려움
문틈 새 빠진 영혼은
요단강을 건너가고

대자 밖 흙살 밭이 이승 아닌 천국이라
고복皐復* 하는 어깨 위에 태양은 말이 없고
천도天道는 무상하다고
깜박이는 별 별 별

내림 길 눈길에서 마주친 풀꽃 하나
어이 너는 살았냐며 꽃을 잡고 물어댈 때
저 멀리 성당의 종소리
덩– 덩 덩– 덩 울어라.

*고복皐復 : 죽은 자의 영혼을 돌아오라 복복복 부르는 소리

리므롯의 日沒

-터키 리므롯 정상의 일몰-

태고를 이고 사는
니므롯 산의 정상頂上

만신상萬神像 어깨 물고
서녘으로 숨는 해

천리 밖
광막한 하늘
내려 덮는 자연紫煙 커튼

와하는 그 함성에
별이 돋는 산마루

저문 길 낯선 풍광風光
길손 잡는 영마루

돌부리
채인 발 위로
깜박이는 별무리

♠ 보라 빛 담배 연기 같은 저녁 안개! 터키 니므롯 산의 정상을 버티고 앉은 만신상 위 태양이 졸 때 해거름 아득한 嶺에 걸린 천리 밖 보라 빛 노을 커튼이 광막한 하늘을 내리 덮어 해를 삼킨다. 지금도 그 환호성, 그 장관을 잊을 수 없다.

전도傳道 그 앞에서

믿으면 천국 간다
목을 꺾어 외쳐대도

참 평안 있다 해도
못 믿겠다 하던 사람

끝내는
야훼를 외면하다
그 어디로 가시나요.

양의 탈 쓴 말이라
고개 젓던 그 사람

전단지 건네는 손
밀쳐내던 그 사람

임종을
코앞에 두고
찾아대는 주 예수.

어디를 가

—중국을 찾는 초선의원을 보며—

아직은 이른 거여 무슨 말을 나누러 가
분계선 만든 이를 다시 찾아가겠다고
그대는
우리 현주소를
어이 읽고 계시나

금배지 단 그 어깨 멀끔히 바라보다
먼 하늘 바라보며 우리 얼을 저울질 해
곰 앞에
재주 부리지마
한 번 속지 두 번 속나

불 꺼준다 말해 놓고 속내는 다른 친구
진정함 없는 그를 어찌 손을 잡을 거나
왕 서방
믿고 살다가
때도 잃고 집도 잃어

번갯불 여름사냥

불 맞은 바락재*가
아직도 살아있다.

연자매를 매 두고 영단 방아 찧어오다 천둥번개 내려칠 때 소고삐를 놓친 밤 세길 밖 무논에 떨어진 마부馬夫 소년은 개구리. 등줄기론 불 내리고 샅은 물에 젖은 너구리, 헛발 디뎌 빠진 물 구렁은 천 길 나락奈落. 맹꽁이 코러스에 귀가 머는 밤. 몸 팔아 지전 한 잎, 맛볼 수 없던 까만 시절 배가 등에 붙어도 비빌 언덕이 없던 1950년대.
다만 붙든 것은 여섯 목숨의 다림줄인 쇠고삐 하나, 그것 놓친 까만 절벽 앞에 개구리 소년은 속탈俗脫 할 꿈을 꾼다. 꽈르릉… 찢어진 하늘에서 내린 불이 어린 마부를 깨운다.
하늘에선 너희 식구 목숨이 뉘게 달렸느냐고? 주인 잃은 소는 워낭을 흔들고 어미 찾는 송아지 울음에 귀를 뜬 소년은 무논에서 기어올라 쇠고삐를 잡는다.

그렇게 보릿고개 넘던
번갯불 여름사냥.

*바락재 : 마을로 들어가는 고개 이름

汝矣, 村長會議

-19대 국회를 보며-

한 고을 사람들이 가려 뽑은 촌장村長들
처진 어깨 일으켜 무너진 꿈 세울 임이
온 날을
왼새끼만 꼬다
때도 잃고 꿈도 잃어

어찌 살아갈지 설계도나 세울 임이
금배지 노예가 돼 귀도 먹고 눈도 멀어
있어서
오히려 해가 돼
가라지만 같아라

있어서 짐이 되고 없어 더욱 시원해
4년 내 도리질에 목이 굳어 버렸구나
아낙네
물기 잃은 금반지
빛은 변해 가는데.

연꽃
-부여 궁남지에서-

열두 길 백마강에
한을 물고 떨어진 꽃

시름 지운 부소산
천년 해가 돌고 돌아

이제는
궁남지 연꽃으로
웃음 물고 서 있구나.

영동선에서

수평선 긋고 가는 갈매기 따돌리고
동해를 밀어내고 산을 향해 묻는 머리
가쁜 숨
몰아쉬듯이
헐떡이는 기적소리

태백을 등에 진 채 가부좌한 산 산 산
산이 산을 잡고 입맞춤을 하는 새로
국 노루
울음소리가
낮달 귀에 걸리는 골

맥의 씨알들이 등에 붙는 허리로
일천미 긴 터널에 몸을 팔던 한 잎 동전
천치天痴의
그 행진곡이
천년 두고 울어라.

오늘 우리 기상도

우리네 가야 할
복지는 아직 먼데

벌건 신호등에
발 구르는 아빠 엄마

무릎 칠
환한 길을 찾다
모난 돌에 넘어져.

우리의 길동무

–한미 방위조약을 보며–

나락奈落에 떨어질 때 손을 잡아 준 사람
자유민주 하늘 아래 어깨 펴는 오늘일 레
그 믿음 사랑의 강이
피 끝보다 진해라

잘린 허리 이으려 밀고 밀린 그 싸움에
이 나라 자유 위해 산화한 임들 넋이
지금은 뻐꾸기가 돼
이 산하 잡고 울어

죽탕으로 쓴 단 말에 다시 손을 잡는다.
함께 가는 자유민주 복지만리 가나안
너와 난 천년을 같이 가는
어깨동무, 길동무

낙상

한-눈을 팔다가
한 평 땅을 사던 날

입 벌린 구두창에
얼어붙는 외마디

천사의
나팔소리가
코러스로 맴돌아…

6장
청산 나는 흰나비

이런 회담 보았는가

마주 앉은 평화의 집 기싸움에 사흘 가
잡아떼는 거짓말 달래고 어르다가
하늘이 무너질까 봐
손을 잡네, 그것 유감.

돈짝만 한 하늘 귀 트였다고 가슴 쓸어
어느 날 닫칠지 예단豫斷 못할 일기도日氣圖
나누는 그 이야기에
가슴 찢는 어머니

잘했다 할 것 없고 못했다 할 것 없어
빌붙어 살아가는 그 그늘을 빠져나
서로가 밑손부터 잡아야
고지탈환高地奪還 하는 것을.

♠ 2015년 남북 고위급 회담을 보며

자작나무 앞에서

어느 곳에 살아도
백화白樺* 너를 닮으리.

가진 것 다 내주고
손 모으는 너 닮으리

칼바람
서릿발에도
군말 없는 너 닮으리

걸친 옷 벗기시던
그 손길을 못 잊어

이웃을 사랑하냐?
그 말씀을 못 잊어

천성 길
두려운 날에
하늘 검* 삭이는 너

*백화白樺 : 자작나무의 옛 이름
*검 : 성경의 말씀

雙瀑 천국

–캐나다 스미더스에서–

만년설 잠든 하늘
내려찧는 폭이 둘

가지 끝 낮달 핥다
시속時俗 잃는 엘크 사슴

여기가
천국이라고
청산 잡고 우는 곰

어느 日沒

사선斜線으로 기울다
허공에다 부리는 선

희미한 선을 좇다
어둠으로 물들면

그 숱한
설화說話를 낳고야
영 너머로 숨는 황옥黃玉.

전역 연장 병사를 보며

한판 붙을 거라, 온 나라가 술렁일 때
생사를 같이 하던 전우 두고 못 간다며
이 나라 목숨 바쳐 지키리라
벗던 군복 다시 입어

깜짝 놀란 記事 앞에 손뼉 치는 온 국민
무서운 세대라며 혀 두르는 기성세대
이 나라 안보를 위해
본을 보인 전역 연장

설익던 이십 대가 이리 나라사랑할 줄이야.
갸륵한 어깨 위에 별을 따다 달아주리
이 나라 환하게 앞을 터
꼬나 세운 엄지가락.

정방 폭포

탐라의 그 혼불을
얼로 밝힌 백록담

구르다 내리 덮다
안개꽃 피워 물다

변찮는
백의白衣 혼불을
은하수로 걸었구나.

제주 해녀

보자기* 가빠진 숨
토해내는 숨비 소리

바다속 보물을
테왁* 가득 담는 신호

손 젓는
까뭇한 점 하나
별도 따고 달도 따는

*보자기 : 해녀
*테왁 : 해산물을 따서 담는 주머니

濟州의 비양도

조국 남단 지킴이로
명을 받은 한라였어.

초병으로 비양도
발치 끝에 세워두고

아득한
물길 만리를
네게 맡겨 버렸구나.

중산 기념관

육천 년 그 왕정을
끌어내린 임이었어.

인욕忍辱으로 멍든 하늘
비켜날던 임은 시조翅鳥

삼민三民*의
깃발 앞세워
잠을 깨라 외친 임

신해혁명 바람으로
밀어낸 청조淸朝하늘

비약하는 새 중국
모토母土로 세운 이념

내일은
우리 것이라
침예浸禮하는 14억

증거 1

-위안부 영화 '귀향' 을 보고-

뜰 안에 피어나는 봉숭아였습니다.
성전聖戰*이란 구실 아래 꺾여난 꽃봉오리
끝내는
지가다비* 노리개
짓밟혀 몸도 주고

내려치는 몽둥이 구렁이에 감겨난 몸
꿈결에 가물대는 머나먼 고향산천
어머니
사랑 괴불*이
목숨까지 바꿀 주랴.

넋이 돼 돌아가는 청산 나는 흰나비
고깔 나비 안고야 터져나는 울음바다
뼈끝에
맺힌 그 원한怨恨
어이해야 풀거나.

*성전聖戰 : 일본이 제2차 대전을 일으키고 그 전쟁을 성스러운 전쟁이라고 하다.
*지가다비 : 일본 군인이 신고 다니던 신발 이름.
*괴불 : 삼층 괴불은 사악한 악귀를 물리쳐 준다고 하는 우리의 전통 노리개.

짚신 앞에서

짚신도 신발이야, 비웃는 이 있습니다.
돌아보면 우리 역사 지고 산 흔적일 레
그 숱한
수난의 고개를
넘고 넘은 아리랑

淸, 日이 앞세우던 그 깃발을 꺾던 짚신
경술국치 삼일 만세 그 항거의 울부짖음
절대자 지켜보시다
한을 풀라 내린 광복

그때 그 짚신이 시골집에 걸려있다
이 나라 지켜낸 혼불이라 하시더니
나 이제
어느 하늘 돌아
네게 별을 달아주나?

찻잔을 마주하니

찻잔을 마주하니
일렁이는 보리밭

먼 산에 얹힌 놀이
비단결로 밀려오면

꽃반지
끼워준 소녀가
머리 풀고 오른다.

천둥

번쩍이는 하얀 불이
하늘을 찢는구나.

구멍 난 하늘에
쫓겨 가는 삼복더위

갈라진
대지大地를 꿰매려
하늘 잡고 펑펑 울어

천문산 유리잔도琉璃棧道

구름 타고 하늘 간다
굽어보니 천 길 벼랑

허공을 걸어간다
푸른 바다 날아간다

한 생이
이리 가벼울 주랴
깃털 같은 날 본다.

천왕봉에서

—태백산에서—

잠을 깬 천왕봉이
나에게 묻습니다

너를 내려놓고
살아본 적 있느냐고

고개를
가로젓는 나에게
머리부터 숙이라고

저가 저 된 것을
돌아보니 주의 은혜

비우고 베푼 자리
찾아볼 수 없는 오늘

정말로
하늘이 부끄러
무릎 사이 머리 묻어.

철쭉꽃 사랑 2

벌건 딱지* 날아와
오대 독자 보내 놓고

마른 가슴 치시며
아범 찾던 할아버지

밤마다
대물린 사당祠堂 찾아
무릎 꿇고 비시던 임

라디오 들으시다
덩실 춤을 추시다

조선독립 만세를
목을 꺾어 부르시다

해거름
철쭉 동산 올라
광복光復이만 찾던 임.

*벌건 딱지 : 제2차 대전 때 일본의 전쟁 수행을 위해 조선의 청장년에게 발부한 일본의 징병 영장

청풍명월

산 빛도 물빛 닮고
물빛도 산 빛 닮은

맑은 바람 이어 불어
해와 달 싱긋 웃는

천년을
다툼 없이 사는
복지만리 해무촌海無村

秋月片舟

내 마음을 훔쳐간 임의 빨간 입술은
사무치는 그리움에 보름달로 올라와
내 마음 썰렁한 뜰에 未練의 불 지핍니다.

산국이 익어가는 썰렁한 깊은 밤에
실솔*이 밤을 엮는 갈*을 베고 잠이 들 때
쓸쓸한 나의 창가를 소식 없이 찾습니다.

행여나 임이신가? 고추 앉아 기다리면
이마 위에 여린 달빛 하얗게 심어놓고
서쪽새 우는 마을로 노를 저어 가네요.

*실솔 : 귀뚜라미
*갈 : 가을

泰山에서

문명의 꽃바람에
절로 오른 산마루

천인단애千仞斷崖 오름길은
불개미 집 잔치 날

그 정상頂上
불타는 호심湖心에
뜨지 않은 나의 초상肖像.

태풍 차바 앞에서

무엇을 잘못했기 바람으로 치십니까?
무엇을 일러주려 물로 이리 쓰십니까?
뜨고도
못 보는 우리
손을 잡게 하소서

북에는 장대비로 남에는 태풍으로
이리 쓸고 저리 쓸어 머리 둘 곳 없습니다
뚫려도
못 듣는 우리
길을 일러 주소서

잘린 다리 잇고 잇는 포크레인 저 소리
고달픈 어깨너머 토닥이는 손길 위로
따스한
손길을 넘어
파란 하늘 열리네요.

7장

풀 앞에서

· 통일동산 도라산 OP에서 · 통일로에서
· 파일럿 앞에서 · 팽목 항에서 · 포구浦口 · 폭瀑
· 풀 앞에서 · 하늘 HEAVEN · 하얀 섬
· 하회 탈춤 · 학鶴 · 한 알 소금 될까 몰라
· 한가위엔 · 한글날 · 함박눈 · 해녀
· 홍매 · 환희 · 바다 잃은 희망호

통일동산 도라산 OP에서

눈 끝에 머리 든 송악을 바라본다
갈매 등 모두 잃고 알몸으로 서 있구나
뉘게 다 벗어주었나
물어대니 벙어리…

산이 저리 알몸인데 어이 오늘 버티는지
희고 붉은 푯대만이 오늘을 지키는가?
보는 이 마음이 쓰려
가슴 치는 나그네

북으로 난 신작로에 짝을 짓는 나비 떼
하나로 가는 발자국 찾을 길이 없어라
그 소망 구만리 벽해碧海라도
우리 함께 노 젓자.

통일로에서

통일로 가로수에 어려 오는 고향산천
빤한 신작로에 일어서는 임의 초상
고향집 어버이 같아
가다 멈칫 섰습니다.

백발에 한 발 보탠 내 그림자 밟고 서서
놓쳐버린 칠십 년 다시 손을 꼽다가
은하에 잠드셨을 어머니
외쳐 불러 봅니다.

북으로 난 경의선은 이 나라 동맥이라
끊어진 그 핏줄을 다시 우리 이어보자
저 북구 달려 오가리
너와 내가 하나 되리.

파일럿 앞에서

-서해 ○○ 전투비행단에서-

빨간 마후라는 하늘의 사나이
쩡하는 굉음 속에 까만 하늘 열리고
마하*의 초음속으로
닫힌 하늘 쪼갠다.

당기는 얼레 줄에 마구 도는 하늘 귀
손가락 까닥이면 떨어지는 적 전투기
천리를 한눈에 담는
네 이름은 보라매

천리안 부릅뜨고 하늘 나는 너였구나
백리 안을 가지고야 어찌 나와 맞-서리
너는야 이 나라 수호신
별을 달아 주고 싶다.

*마하 : 초속 340m 시속 약 1,224km

팽목 항에서

아직도 울부짖어
파도도 목매 울어

그날의 그 봄바다
가슴속 집을 지어

하늘을
잡고 불러 봐도
대답 없는 메아리

포구浦口

어머니 품속 같은
그 하늘을 그립니다

만선滿船의 그 깃발
정화수에 손 모으는

희비를
하늘에 맡기고
두 팔 벌려 맞아주는

폭瀑

아직은 흰 새벽
하늘 찢는 공이 소리

흘려놓은 달빛이
갈잎 속에 잠이 들고

물안개
갈매* 등을 넘어
파란 꿈을 엮는다.

*갈매 : 진초록

풀 앞에서

미쳐 부는 바람 새로 멍이 든 풀이어라
짓밟고 간 바람 끝이 다리 끌다 영 넘으면
허리 펼
가난한 꿈을
좁은 가슴 품는 거다.

어이 살아가야 이 바람 앞에 서리
밟히면 일어서는 네 이름은 풀이어라
먹구름
머리를 틀면
맥을 짚어 보는 거다.

미운 바람 안고서 자화상을 돌아보라
내 죽어 네가 살면 죽어나도 웃으리라
숨 멎는
하얀 핏줄 속에
타오르는 혼불이여.

하늘 HEAVEN

어찌해야 가는지
몰라서 묻는 이에

어린아이 같아야
바늘구멍 빠져나야

믿음의
강을 건너야
길이 뵌다 하시네

하얀 섬

천축天竺* 산이 무너져
기댈 곳이 없습니다.

허사비 모이는 곳에
그냥 밀려 갔습니다.

나까지
예 올 줄이야
먼 산 바라봅니다.

하회 탈춤

부귀를 조롱하는
그 화상을 그렸구나

머리에 쓰고 나면
좁은 어깨 펴고 돌아

턱 없는
땅을 그리다
허리끈 풀어대는

무엇을 삭이려
저리 탈을 만들었나?

그 무슨 생각으로
저리 허릴 꼬는 걸까?

턱 없는
땅이 빙글 돈다.
사해 평등 인내천人乃天.

학鶴

허공을 갈고 간다
기도문을 읊조리며

눈 덮인 그 고지를
바람처럼 넘어간다.

꿈속에
어머니 모습
달빛처럼 고인 밤에.

한 알 소금 될까 몰라

계 닿을까 정말 몰라
얼 밝힌 그 혼불이

찍고 간 발자국에
봄비 저리 내리는데

한밤 내
써 놓은 시가
한 알 소금 될까 몰라.

한가위엔

–비 내리는 추석날–

한가위 보름달이
가슴으로 오릅니다.

바다보다 깊은 사랑
해 갈수록 그리워

지난날
잘못 모신 한이
비가 되어 내립니다.

어버이 그 낱말을
어찌 입에 올리리까?

태산보다 높은 사랑
그 은혜 하늘 같아

뵈올 길
바이없어라
어머니 아버지

한글날

시골집 들창에서
모음과 자음 찾고

문고리 잡고서야
ㅇ자 마저 찾아

우리글
스물여덟 글자
지어내신 세종임금

빠른 속도 경기에
디지털로 탈을 벗어

톡 치면 자판에서
태어나는 한 구句의 말

한글에
온누리 혀 두르다
꼬나드는 엄지가락

함박눈

개가 달을 삼킨 밤
길도 눈을 감았다

눈을 인 청솔 밭이
내川 건너 마을 쓸어

천도天道는
무상無常 하다고
종은 덩덩 울어라.

해녀

온 바다 캐 담는
숨비 소리 테왁*에

물길 만리 저승길을
이고 낚는 푸른 꿈

손 젓는
가뭇한 점이
별도 따고 달도 따는

*테왁 : 해녀들이 바다에서 잡은 물고기와 미역들을 담는 그릇 이름

홍매

물이 드는 저녁놀
창 너머로 보더니

밤새 내린 빗소리
귀에 삭여 담더니

한 밤 내
옷을 벗고야
웃음 물고 서 있구나.

환희

목－매지 사십 년을
풀고 나 덩실 춤을

백마고지高地 탈환한
어린 병사 만세 삼창

한 하늘
엑서더스(exodus)*에
얼싸안고 지화자자.

*엑서더스(exodus) : 속박의 굴레를 벗고 나오는 것(성서의 출애굽 하는 것을 뜻함)

바다 잃은 희망호

先進 村 가나안이 한 五里에 어리는데
呪術바위 뿌리에 구멍 나는 희망호
의의 길 가야 할 이가
나침반을 잃었구나

강심에서 사공을 바꿀 수는 없는 거여
선불리 바꾸다간 배가 뒤집히느니
어렵게 세운 집인데
무너질까 걱정이라

한숨 크게 쉬고 좌우 한번 돌아보라
무엇에 눈이 멀어 五里 밖도 못 보는지
모두가 알몸이라야
가나안에 드는 것을

◆ 평설

노곡의 시조미학 또는 역사의 정의에 대한 물음

– 조성국 시조집 〈철쭉꽃 사랑〉평설 –

김 봉 군
문학평론가, 가톨릭대학교 명예교수
시조시인, 세계전통시인협회 한국 회장

1. 여는 말

경영학 용어로 말하여 시조는 21세기 문학의 블루 오션을 열고 있다.

자유시가 레드 오션에서 쓴 싸움의 혼돈 체험을 하는 동안, 시조는 형식의 "절제된 자유"를 향유하며 새 길을 트게 된 것이다.

20세기의 다다이즘, 초현실주의, 입체시의 멀미에 시달려 온 시의 독자들에게, 21세기에는 하이퍼 시가 출현하여 현기증을 싸 안긴다. 자유시의 새 소식이다. 하이퍼 시의 특징은 상관성이 희박하거나 서로 동떨어진 이미지들을 불연속적으로 결

합하는 데 있다. 이는 20세기의 사물 시와 함께 탈관념을 지향하는 시의 갈래에 든다.

우리가 애송하여 마지않았던 김소월, 서정주, 박목월, 조지훈, 박두진 등의 시를 관념시로 보고, 시에서 이런 관념을 배제하자는 것이 하이퍼 시 작가들의 주장이다. 시의 독자더러 갈피를 잡기 어려운 이미지들의 구조 속에 방치해 놓는 하이퍼 시 작가들은 호평하여 시적 상상력의 천재들이라 하자, 문제는 대다수의 독자들은 천재가 아니라는 것이다.

좋은 시조 한편을 읽는데 우리는 천재적 상상력을 동원하지 않아도 된다. 시조는 우리 고유의 전통적 리듬에 따라 참신한 이미지와 서정 가붓한 사유의 세계를 고요히 음미하면 그만인 친숙한 장르다.

뜻을 말하는 언지言志냐 말을 노래하는 영언永言이냐 하는 상서尙書의 규준도 이제는 설진說盡이다.

현대시조는 교술적敎述的 관념의 중량을 멀리한지 오래다. 관념을 "시적 의미"로 치환置換할 때 시조는 시조답게 살아난다.

노곡 조성국趙成國 시인의 시조집 "철쭉꽃 사랑"은 언뜻 김소월의 시를 연상시키나 표지를 열고 실제 작품에 다가가면, 이는 사뭇 곡진曲盡한 역사성을 품고 있음이 다수 증험證驗된다.

이것이 노곡 시인의 작품들을 심층적으로 읽어야 할 까닭이다.

2. 노곡 조성국 시인의 시조시학

시조집 《철쭉꽃 사랑》의 표상, 서정, 이미지, 심미적 특질, 의미를 중심으로 노곡 시조의 특성을 살펴보기로 한다.

(1) 자연 표상

이 시조집의 시조 136편 가운데 자연을 소재로 한 것이 38편이다.

노곡 시조의 자연 만상은 대개 자연 그 자체에 서정적 함축미나 존재론적 본질에 직핍直逼해 드는 것들이 아니다.

매미 소리 끊길세라
귀뚜리 밤을 엮고

갈매 숲 우듬지로
무지개 불 내리면

황금 벌
실어 나르기
헐떡이는 경운기

〈가을 소식〉 전편이다. 가을의 정경을 보여준다. 시각과 청각 이미지가 앙그러져 가을 정취가 실히 영글었다. 마지막 연의 "헐떡이는 경운기"에 사람의 영상이 어렸다. 노곡 시조의 특징이다.

새끼 대신 징용 가던
그 산길에 철쭉꽃

베갯머리 묻고 떠난
아버님 전 편지 한 장

자기 몫
다 했다시며
북간도로 가신 님

이 시조집의 표제가 된 〈철쭉꽃 사랑〉전편이다. 여기에 철쭉꽃은 "분리"의 표상이다. 소월의 진달래꽃과 상통한다. 일제 강점 말기의 피어린 "떠남"의 한 장면이 숨기어 있다. 핏줄을 잇기 위하여 아버지가 아들 대신 징용을 떠난 애환이 서린 작품이다. 노곡의 자연이다.

이 떠남이 기약 없는 결별이라면 그것은 비극의 슬픈 계기다.

잘린 허리 이으려다
내川를 이룬 벌건 피

쓰러진 목비 위로
달빛만이 흐르는 골

열두 길
물길 속에서
귀촉도歸蜀道 새가 운다.

〈파로호〉전편이다. 파로호의 서정이 아닌 우리의 피어린 내전內戰과 남북 분단의 아픔 역사의 표상이 파로호다. 하지만 노곡은 서정 시인이다. 자연 서정과의 단절을 선언한 것이 아니다.

노을 얹힌 백목련 그대를 기다리다/ 처진 어깨 너머로 바라보는 저 하늘/ 기러기 그 울음 소리/ 애를 끊는 임의 시

역시 사내라고 목을 묻고 우는 밤은/ 돌아갈 천년 성 기침 소리 들려나/ 나도야 어찌하지 못해/ 돌아서야 하는 갑다

만나면 잉걸불이 헤어지면 별을 헤는/ 대금大笒

을 입에 무니 그도 따라 젖는 것을/ 고운 임 행여 다칠세라/ 눈물 뿌려줍니다.

연시조 〈내 사랑 백목련〉 제3수다. 백목련의 서정이 흐드러졌다.

끝내 오열嗚咽을 터뜨리고야 마는 서정적 자아의 영상이 애를 끊는다.

가위 천년 오열이다. "아쉽고 그리운" 우리 전통 정서를 살뜰히 잇고 있다. 소재의 지배소支配素가 된 백목련, 잉걸불, 별, 대금, 등이 기막힌 서정을 영글렸다.

인고忍苦와 굴종屈從을
뼈에 새겨 둘렀구나

손이 간 자리마다
격이 다른 탈을 벗어

응접실
나누는 이야기에
세상 읽는 너였구나.

〈분재〉전편이다. 형식이 반듯하다. 전통 시조의 변이형으로 규칙형에 든다. 초장 두 줄에 주제가 제시되었다. 분재를 미학적 실체로만 보아온 관습성을 뒤집었다. 일본인들이 즐겨하는 분재의, 인위적 자연 왜곡 표상에 착목한 작품이다. 水石, 壽石과 더불어 반자연적 의미를 품은 것이 분재다. 분재는 자연을 왜곡하고, 수석은 자연탈취요 이기적 자연 향수욕享受慾의 극단이다. 노곡 시인의 창의적 안목이 돋보인다.

벌겋게 취한 산이
물속으로 무너진 날

산도 타고 물도 타는
요지경 같은 곳을

우리는
빠져가고 있었다
벌건 화염火焰 속으로

역시 규칙형 변격 시조다. 〈상강머리 경춘가도〉 전편이다. 소양강에 어려 비친 경춘가도의 불타는 단풍을 이렇게 썼다. 산은 취하고 산도 물도 타는 화염경火炎境을 펼쳤다. 형상화 기법이 무르익었다. 이런게 시다.

밟으면 금이 갈듯
수정같이 맑은 하늘

썰렁한 들, 허수아비
드러누워 코나 골고

기러기
울음소리가
섬 하나를 낳는 달.

〈시월〉전편이다. 늦가을 풍정風情이다. 셋째 연 끝맺음이 절묘하다. 소리와 그림이 하나 되었다. 예藝로는 노곡 시인이 으뜸간다.

탐라의 그 혼불을
얼로 밝힌 백록담

구르다 내리 덮다
안개꽃 피워 물다

변찮는
백의白衣 혼불을
은하수로 걸었구나.

〈정방 폭포〉전편이다. 리듬 따라 흐르고 굽이치고 솟구치는 폭포수의 생동하는 물길을 텄다. 마침내 솟구쳐 은하수로 걸린다. 역동적 이미저리가 천체미학으로 영글었다. 끝맺기의 명편이다.

행여나 임이신가? 고추 앉아 기다리면
이마 위에 여린 달빛 하얗게 심어놓고
서쪽새 우는 마을로 노를 저어 가네요.

〈秋月片舟〉전 3수 중의 셋째 수다. 사무치는 그리움의 표상, 가을 달밤의 노 젓는 이의 영상, 역시 끝맺기에 마음이 머문다.

(2) 자아상과 신앙표상

노곡 시인의 자아상自我像이 표출된 작품은 대략 34편쯤 된다. 그의 호號부터 살피기로 한다.

하얀 갈대꽃이/ 눈꽃으로 영 넘으면// 새근대는 목숨들이/ 월광곡을 뜯는 숲// 다림줄/ 5대를 타다/ 북적대라 붙인 아호雅號// 산짐승 날짐승이/ 제집처럼 찾아드는// 달빛 벗해 태어나는/ 대 이을 꿈을 꾸는// 거문고/ 뜯는 갈대숲에/ 줄을 잇는 생명의 강

〈노곡蘆谷-조성국의 아호〉전편이다. 갈대숲 생명의 강처럼 대대로 번성하라는 염원에서 지은 아호란다. 월광곡과 거문고 소리가 어우러진 갈대의 강이 노곡 아호의 표상이다.

코끝에 날 세우고
때 오기만 기다리다

뒤통수 얻어맞고
비로소 눈 뜹니다

금강석
칠흑의 강을
삿대 없이 질러가는.

〈쇠못〉전편이다. 충격에 비로소 깨어나는 각성覺醒의 자아 표상이다. 삿대 없이 칠흑의 밤 강을 고행처럼 가고 있다.

거룩하게 다듬고 모 안 나게 길들여
절대자 걸어가신 그 길만을 좇으라고
자기 몸
말없이 내어주는
달팽이 닮으라고

〈쉐마〉 전3수 중 제3수다. "쉐마"는 유대인 교육방침이다. 절대 신앙의 길잡이다. 노곡 결정적 자아상이다.

한-눈을 팔다가/ 한 평 땅을 사던 날// 입 벌린 구두창에/ 얼어붙는 외마디// 천사의/ 나팔소리가/ 코러스로 맴돌아…

〈낙상〉전편이다. "태어나다- 살아가다- 죽다"의 모순 속에서 마침내 그 초월超越의 순간을 맞는 절박한 자아의 표상이다.

미처 부는 바람 새로 멍이든 풀이어라/ 짓밟고 간 바람 끝이 다리 끌다 영 넘으면/ 허리 펼/ 가난한 꿈을/ 좁은 가슴 품는 거다// 어이 살아가야 이 바람 앞에 서리/ 밟히면 일어서는 네 이름은 풀이어라/ 먹구름/ 머리를 틀면/ 맥을 짚어 보는 거다// 미운 바람 안고서 자화상을 돌아보라/ 내 죽어 네가 살면 죽어나도 웃으리라/ 숨 멎는/ 하얀 핏줄 속에/ 타오르는 혼불이여.

〈풀 앞에서〉전편이다. 세찬 도전에 응전하며 끊임없이 되 일어서는 풀의 생명력과 스스로 죽어 "너"를 살리는 혼불은 영혼의 정화精華이다. 이제

남은 것은 신앙의 길 뿐이다.

두 손을 모으고
두 눈 꾹 감습니다

두 손을 모으고
두 눈 꾹 감습니다

허락한
십자가 앞에
나는 이미 없습니다

〈순교자〉전편이다. 십자가 앞에서 자아는 절멸絶滅이다. 그게 절대 신앙이다.

꿈속에 나를 찾던/ 그 임을 다시 보네// 요단강을 건너서/ 이승의 벽 허문다고// 하늘 검/ 비껴들고서/ 날 따르라 하시던 임// 삼층 천을 질러와/ 천사를 부리는 임// 솔바람 무현금에/ 달빛 꺾어 부는 대금大笒// 그 고운/ 코러스 선율로/ 눈물바다 지으시네.

〈비천영飛天靈〉전편이다. "요단강"이 결정소다. 기독교 신앙시다. 신앙시가 미신자未信者들에게 다

가갈 때 실패하는 것이 성서聖書 패러디 때문인 경우가 흔하다. 기독교 장로인 노곡 시인이 성서 패러디가 아닌 은유나 상징을 부려 쓰려고 고심한 흔적이 역연한 작품이다.

믿으면 천국 간다/ 목을 꺾어 외쳐대도// 참 평안 있다 해도/ 못 믿겠다 하던 사람// 끝내는/ 야훼를 외면하다/ 그 어디로 가시나요// 양의 탈 쓴 말이라/ 고개 젓던 그 사람// 전단지 건네는 손/ 밀쳐내던 그 사람// 임종을/ 코앞에 두고/ 찾아대는 주 예수.

〈전도傳道 그 앞에서〉전편이다. 끝내 "주 예수"에 귀착한 신앙시다. 감추인 것보다 더 드러나는 것이 없다는 기독교의 역설에 충실한 신앙시 쓰기는 지극히 어렵다. 이 시조가 그걸 말한다.

(3) 전통미 표상

시조는 우리 고유의 전통 시다. 전통 미학과 무관할 수 없다. 4편 정도가 전통미를 품었다.

더위와 씨름하다/ 고시랑 대던 한 밤// 고삐 풀린 잡생각이/ 머리드는 삼경三更에// 허울을/ 물리쳐 주려/ 환을 쳐준 묵죽도墨竹圖

〈독백〉전편이다. 조선조 인종의 그림에 김인후의 시가 곁들인 묵죽도에서 취재했다. 전남 장성 필암 서원에 보존되어 있는 문화재다.

집신도 신발이야, 비웃는 이 있습니다/ 돌아보면 우리 역사 지고 산 흔적일 레/ 그 숱한/ 수난의 고개를/ 넘고 넘은 아리랑// 淸, 日이 앞세우던 그 깃발을 꺾던 짚신/ 경술국치 삼일 만세 항거의 울부짖음/ 절대자 지켜보시다/ 한을 풀라 내린 광복// 그때 그 집신이 시골집에 걸려있다/ 이 나라 지켜낸 혼불이라 하시더니/ 나 이제/ 어느 하늘 돌아/ 네게 별을 달아주나?

〈짚신 앞에서〉전편 시다. 짚신은 민족 정체성의 표상이다. 민족혼을 뜨겁고 휘황하게 품고 있는 것이 노곡의 짚신이다.

(4) 역사 사회적 표상

역사적 사회적 표상은 이미 여럿이 언급되었다. 모두 50편 가까이 된다.

있던 것 없다 하고/ 없던 것 있다 하는// 어디로 가자는지/ 물을 길 바이없고// 저 하늘/ 삐딱한 별 춤에/ 눈을 파는 손이 밉다// 어린 싹 푸른 꿈을/ 인도할 나침반을// 어느 때 손보았나, / 다시 봐도 삐뚤어// 가야 할/ 길은 아직 먼데/ 묻고 싶은 너의 주소

〈국정교과서 앞에서〉전편이다. 검인정 교과서의 정치 편향성을 바로 잡고자 정부가 내린 교육 지책이 국정 교과서 안이다. 국민과 나라가 갈 길을 못 찾는 교과서 논쟁을 비판했다. 고대사 부분에서 단군신화의 역사성을 인정하자는 쪽과 그럴 수 없다는 쪽이 대립한다.

후자는 랑케의 실증주의實證主義 사관史觀을 따르는 이들의 주장으로 근대 사학의 주류主流다. 19세기 중반 콩트의 실증주의 사화학과 다윈과 스펜서의 진화론이 실증주의의 원류源流다.

우리 근현대사의 경우 그 발전과정을 정치사만으로 볼 것인가, 정치 경제 사회 문화사를 종합적으로 다룰 것인가, 하는 데 주요 논점이 있다.

시는 체험을 예각적으로 제시하는데 그치므로, 이를 속속들이 진술하기에는 턱없이 압축적이다.

지그시 눈감으니 떠오르는 계갑사癸甲事/ 임천林泉을 벗해 살며 때를 기다리던 임/ 청령포 머물던 해가/ 빛을 잃어버린 날// 내 하늘 아니어라. 사양하던 벼슬길/ 촉도蜀道로 드신 임을 우러르던 망배

단/ 임 그린/ 북향사배로/ 끓는 가슴 달래던 임// 그 충절 그 절의는 천년 해도 못 지워/ 달빛 같은 임의 혼불 밝혀대는 오늘일 레/ 망배단 그 오름길에/ 떨어지는 솔잎 하나.

〈망배단〉전편이다. 세조가 단종의 왕위를 찬탈한 계유정난과 갑술옥사가 배경이 된 작품이다. 여기서 "임"은 강원도 영월 청령포에 유배되었다가 시해된 단종 임금이다. 망배단望拜壇은 세조에 맞서다가 강원도 고성으로 귀양가 끝내 살해된 이조참의 조순생趙順生의 아들 인촌공仁村公 명銘이 낙향하여 단종을 위해 북향 사배한 충남 천안 목천의 산봉우리를 가리킨다. 인촌 공은 한양 조씨 8세손이니 노곡 시인의 옛 조상이다. 가문에 길이 남을 시조다.

두만강 비린 달을 씹고 가던 그 사람/ 봉오동 포연 속을 푸른 달이 웃고 돌 때/ 어머니 예 살아 있다며/ 내어젓던 태극기// 언 발이 헤지도록 북만벌을 누비다/ 내 죽어 네가 사는 그 혼불을 짊어지고/ 눈 덮힌 흥안령興安嶺가에/ 이름 석자 묻고 간 임// 삼각산 피 울음을 뼈끝에다 새기다/ 무명지 깨문 혈서 임의 품에 묻어놓고/ 오대양 육대주 돌며/ 불 지르던 불덩이

〈선구자 2〉전편이다. 일제 강점기 북만주의 독립군, 중국, 러시아, 유럽, 미국 등을 돌며 조국 독립에 목숨을 걸었던 애국지사들의 애국 혼을 현창顯彰한 시조다. 어조가 자못 장렬壯烈하다.

하늘에 활을 쏘는 철부지가 있습니다/ 잘린 허리 잇는다며 대 물려 쏘고 있다/ 네로를 닮았나 보다/ 불화살을 쏘고 있다// 활시위 당길수록 갈라지는 하늘 앞에/ 미친 궁수 바라보며 넋을 잃은 사람들/ 어느 때 이어지려나/ 기다리다 눈은 멀고// 꿈길 속 일어서는 그 불길이 야속해라/ 불로는 아니 되는 벌어진 하늘 아래/ 피의 강 앞에다 두고/ 밝혀대는 탄알 크기

〈어느 궁수〉전편이다. 북한의 거듭되는 미사일 발사와 핵 실험을 비판하는 시조다. 역사 사회의식이 시조에서 이같이 불을 뿜는 것은 희귀한 일이다.

불 꺼준다 말해 놓고 속내는 다른 친구/ 진정함 없는 그를 어찌 손을 잡을 거나/ 왕 서방/ 믿고 살다가/ 때도 잃고 집도 잃어

(〈어디를 가〉에서)

어찌 살아갈지 설계도나 세울 임이/ 금배지 노예가 돼 귀도 먹고 눈도 멀어/ 있어서/ 오히려 해가 돼/ 가라지만 같아라

(〈汝矣, 村長會議〉에서)

잘린 허리 이으려 밀고 밀린 그 싸움에/ 이 나라 자유 위해 산화한 임들 넋이/ 지금은 뻐꾸기가 돼/ 이 산하 잡고 울어// 죽탕으로 쓴 단 말에 다시 손을 잡는다/ 함께 가는 자유 민주 복지만리 가나안/ 너와 난 천년을 같이 가는/ 어깨동무, 길동무

최근 미국 주도 고고도 미사일 방어체계 '사드' 배치를 반대하는 야당 초선 의원들이 중국을 반문하는 것을 보고 비판한 것이 〈어디를 가〉다. 북한의 핵미사일 공격에 대한 대비책은 전혀 말하지 않고, 이를 반대만 하는 중국의 위협에 동조하는 사람들에 대한 비판이다.

〈汝矣, 村長會議〉에서는 주요 국가 현안에 대해서 국회의원 3분의 2 찬성을 요하는 소위 "국회 선진화 법" 때문에 아무 일도 못한 제19대 국회를 비판한 시조다. 마지막 〈우리의 길동무〉에서는 한, 미 상호 방위조약의 역사적 필연성과 시대적 당위성을 피력한 작품이다. 이는 진보, 보수를 떠나서 6.25 전쟁 이후 우리 국민의 생존이 걸린 문제임

을 새삼 깨우친다는 점에서 의의가 크다.

부귀를 조롱하는/ 그 화상을 그렸구나// 머리에 쓰고 나면/ 좁은 어깨 펴고 돌아// 턱 없는/ 땅을 그리다/ 허리끈을 풀어대는// 무엇을 삭이려/ 저리 탈을 만들었나?// 그 무슨 생각으로/ 저리 허릴 꼬는 걸까?// 턱 없는/ 땅이 빙글 돈다/ 사해 평등 인내천人乃天.

〈하회 탈춤〉전편이다. 탈춤의 해학적 비판 의식을 만민 평등 의식으로 뜻매김했다.

뜰 안에 피어나는 봉숭아였습니다/ 성전聖戰이란 구실 아래 꺾여난 꽃봉오리/ 끝내는/ 지가다비 노리개/ 짓밟혀 몸도 주고// 내려치는 몽둥이 구렁이에 감겨난 몸/ 꿈결에 가물대는 머나먼 고향산천/ 어머니/ 사랑 괴불이/ 목숨까지 바꿀 주랴// 넋이 돼 돌아가는 청산 나는 흰나비/ 고깔 나비 안고야 터져나는 울음바다/ 뼈끝에 / 맺힌 그 원한怨恨/ 어이해야 풀거나.

〈증거 1 –위안부 영화 '귀향'을 보고〉전편이다. 단지 전쟁의 보편적 광기狂氣라고만 볼 수 없는 일본 군국주의자들의 반인도적 수성獸性(brutality)의 발로로 밖에 볼 수 없는 종군 위안부 제도는 인류의 이름으로 단죄해야 마땅하다.

그럼에도 미군은 제2차 세계 대전 후 일본수상 도죠 히데게東條英機 등 소수만을 처형하는데 그쳤다. 종군 위안부 제도 운영을 지시한 자, 최 일선에서 이를 집행한 자, 이 짐승들은 전 인류의 이름으로 단죄해야 옳았다. 미군은 전후의 안전을 도모하기에 바빴고 당시 존재감 없었던 "미개 약소국" 우리나라의 피해에 대한 일본의 배상은 고려사항이 아니었다. 미국은 종전 당시까지 조선이라는 나라에 대해 깊은 관심이 없었다. 미국 인류학자 루스 베네딕트가 쓴《국화와 칼, The Chrysanthemum and the Sword》에 식민지 한국에 대한 언급은 단 한마디도 없다. 오직 일본인의 속성 얘기만 기록되었다.

세계 제2차 대전이 최고 전범 아돌프 히틀러, 베니틈 무솔리니, 도죠 히데기는 찰스 다윈에서 발원하는 허버트 스펜서 식 사회진화론의 환자들이었다.

배고파도 먹지 마라 옳다 할 이 하나 없다/ 사람은 안 보아도 하늘땅이 보고 있어/ 숨겨 논/ CCTV가/ 하나님 눈이란데

〈김영란 법〉후반부다. 감추인 것보다 더 드러나는 것이 없다는 신약성서의 패러독스가 돋보인다. “군자는 그 홀로를 삼가라(君子必身其獨)”《논어》 말씀도 살아날 대목이다.

불 지르고 용용용/ 잡아떼며 용용용// 똥이라고 닦아주다/ 서로 보고 깔깔깔// 짜고야/ 치는 고스톱에/ 그것 유감 무승부.

풍자 해학 시조 〈시사만평〉이다. 2015년 남북 고위급 회담을 보고 쓴 글이다. 북쪽 사람들과의 회담이 그동안 얼마나 신뢰할 수 없었으면, 노곡 시조에서 이같이 희화화戱畵化 하였을까.

요컨대 노곡은 역사의 정의正義가 무엇인가를 묻고 또 묻는다. 그가 기독교 장로임을 감안할 때, 그의 물음은 절대자 유일신에게까지 가 닿는 절박성을 띤다.

3. 노곡 시학의 진정성

노곡 시인의 시조 창작에 투여된 각고정려刻苦精勵의 정신은 그의 시조 〈시의 산을 오르며〉에 녹아 있다.

이미지를 살리느라/ 뼈 속이 다 시리다// 꼬리불 밝히려고/ 까만 티를 골라내// 눈 감아/ 어리는 영이/ 살아서 종種이되는// 형상形象을 잃고서야/ 어찌 그림 그리리// 깨끗한 뒤끝 찾기/ 속탈俗脫 벗는 아픔이여// 청산을/ 세운 화선지에/ 메아리로 뜨는 강.

살갗을 원고지로, 뼈를 펜으로, 피를 잉크로, 시를 써야 한다는 릴케의 노작주의勞作主義를 상기시키는 시조다. 이미지 형상화와 산뜻한 끝맺음을 위해 고심을 거듭하는 시적 자아의 영상이 외롭다. 청산과 화선지는 전통 미학의 두 지배소다. 노곡 시학의 진정성이 메아리로 다가온다.

4. 맺는 말

노곡 조성국 시인의 시조 136편을 네 갈래로 분류하여 살펴보았다. 자연 표상 자아상과 신앙 표상, 전통미 표상, 역사 사회적 표상이 그것이다. 작품 수량으로는 자연 표상과 역사 사회적 표상인 것이 압도적이다. 자연 표상 가운데도 역사 사회적 표상과 관련된 것이 적지 않으니 노곡 시학의 의식 지향성이 어떤 것인가를 알 수 있다.

노곡 시조의 미학적 정수精粹는 자연 표상에 있

다. 그의 자연 표상에는 리듬, 정서, 이미지, 가붓한 사유思惟가 실팍히 어우러져 있다.

노곡의 서정 시조는 "아쉽고 그리운" 우리 전통 정서를 살뜰히 잇는다. "보여주기"에 성실한 현대 시학의 법칙에 부응했다. 은유와 상징 이미지 제시에 고심한 것이 그 증거다. 노곡 시인이 우리 전통미에 대한 애착을 보이는 것도 같은 맥락 안에 있다.

역사 사회적 표상에 착목할 즈음 노곡 시인의 어조는 장렬해진다.

그의 역사, 사회적 소재 취택은 동서고금 종횡무진이다. 그가 인류 역사와 사회의 정의에 얼마나 갈급渴急한 시인인가를 알 수 있는 대목이다.

정의 수립을 향한 이 갈급한 심성 안에 용소음치는 "웅변의 자아"를 눅이려는 노곡의 시학적 자아, 그 분투하는 영상은 작품 〈증거 1〉에 생생히 투영되어 있다.

자아상과 신앙 표상 앞에서 노곡의 시적 자아는 스스로에게 준엄한 어조를 띤다. 회개와 각성의 길에서 마침내 다다르는 곳은 십자가의 비천영飛天靈이다. 자연과 역사, 사회, 우리 전통 모두가 이 비천영에 귀일 된다. 신앙시의 약점인 성서의 패러디와 경지를 넘어선 것은 노곡이 거둔 바 차원 높은 시학적 승리다.

모두에서 말하였듯이 시조 앞에는 21세기 세계 문학의 블루 오션이 열리고 있다. 우리 시조시인들은 비상한 시학적 천착으로 이 길에서 성공적인 항행을 하여야 할 것이다. 이는 노곡 시인에게도 열린 길이다.

시조집 출간을 축하드리며 노곡 선생의 시업詩業과 믿음의 길이 평탄하기를 빈다.